Commandez le jour.

De puissantes prières matinales qui prennent en charge la journée

30 dévotions quotidiennes pour vous guider, vous protéger et vous inspirer chaque jour.

Par

Dr. Olusola Coker

Traduit par

ILYASSE KOURRICHE

Table des matières

Commandez le jour : 21e jour
Commandez le jour : Le 22e jour
Commandez le jour : 23ème jour
Commandez le jour : 24ème jour
Commandez le jour : 25e jour
Commandez le jour : 26e jour
Commandez le jour : Le 27e jour
Commandez le jour : Le 28e jour
Commandez le jour : Le 29e jour
Commandez le jour : 30e jour
Pour obtenir une aide spirituelle
supplémentaire, vous pouvez me
contacter comme sui

Introduction

Command the Day est une prière matinale qui vous guide et vous protège pour la tâche du jour qui vous attend. Vous pourrez ainsi concentrer votre temps et votre attention sur la recherche du plan de Dieu pour chaque jour du mois. Ce livre est précieux pour ceux qui ont besoin de paix, d'encouragement, de force, de protection, de succès, de percée, de guérison, de miracle, etc. pour chaque jour. Vous découvrirez les raisons pour lesquelles vous devez commander votre journée et les avantages qui y sont liés.

La prière du matin vous donne la direction à suivre pour ne pas manquer votre cible. Lorsque vous vous réveillez le matin, votre capacité mentale fonctionne à son maximum, alors les prières du matin vous rafraîchissent et rechargent votre âme. Dieu sera heureux avec vous lorsque vous le regarderez pour la tâche de la journée à venir. Les prières du matin sont l'occasion de se rapprocher de Dieu et de le remercier pour son amour insatiable, ses bénédictions, ses avancées dans le domaine de la guérison, etc.

Lorsque vous vous réveillez le matin pour prier Dieu, priez avec confiance et gardez les yeux ouverts pour ses réponses. En d'autres termes, n'ayez pas peur lorsque vous priez Dieu, surtout le matin. Selon le livre Esaïe 41.10, le Seigneur dit : "Ne craignez pas, car je suis avec vous ; ne soyez pas effrayés, car je suis votre Dieu ; je vous fortifierai, je vous aiderai, je vous soutiendrai de ma droite juste".

Soyez assurés que les prières du matin conduisent Dieu notre Créateur à vous guider et à vous protéger tout au long de la journée. Il vous aime et il veut le meilleur pour vous, alors la prière du matin rappelle à Dieu la promesse qu'il vous a faite.

La première chose à faire dans la prière du matin est de remercier Dieu et de lui être reconnaissant pour tout ce qu'il a fait pour vous hier, de vous confesser et de plaider pour le pardon de tous vos péchés, qu'il s'agisse de ceux que vous avez commis sciemment ou non. Veuillez noter que les prières matinales pour votre famille sont toujours très efficaces, alors n'oubliez pas de prier pour votre famille, de la guider et de la protéger contre toute forme d'attaque malveillante.

La prochaine prière après celle pour votre famille est de prier pour votre carrière. Demandez chaque jour à Dieu de vous montrer la voie et de vous donner le pouvoir de faire votre travail. Parlez à Dieu en toute confiance des défis auxquels vous êtes confronté dans votre bureau ou sur votre lieu de travail. Avantages de la prière du matin pour la journée Le premier avantage de prier pour la journée le matin est que cela améliore votre processus de décision pour la journée. Elle vous évitera de prendre de mauvaises décisions qui affecteront vos activités de
la journée

Prier pour la journée le matin élimine l'inquiétude, la peur, l'anxiété et la confusion. Les prières du matin soulagent l'anxiété et le stress et permettent d'avoir l'esprit clair pour se préparer à la tâche quotidienne qui nous attend. Lorsque vous priez le matin pour le jour, vous invitez Dieu dans votre activité. Dieu sera votre Patron tout au long de la journée. Il dirigera votre chemin vers le succès.

Les prières effectuées le matin avant toute activité vous donnent une énergie abondante pour relever les défis de la journée. Vous ferez preuve d'un zèle hors du commun pour travailler à votre meilleur niveau. Lorsque vous priez le matin, il vous permet de vous concentrer sur l'activité quotidienne et ainsi d'éviter les distractions et vous rappelle l'activité quotidienne et d'agir selon les plans. Des prières matinales puissantes qui prennent en charge la journée pendant les 30 jours suivants :

Commandez le jour : Premier jour

Faire face au péché

Lorsque vous êtes confronté au péché, vous devez admettre que vous avez péché et prendre la résolution de ne pas revenir à votre nature pécheresse. Plus important encore, vous devez éviter de vous retrouver dans la situation de pécher à nouveau. Lorsque vous commettez un péché, demandez immédiatement le pardon et prenez la résolution de ne plus pécher. Aujourd'hui, priez tous les points de prière avec une sainte agressivité et mentionnez tous les péchés dont vous pouvez vous souvenir et suppliez Dieu de vous pardonner, sans cela, vous ne faites que perdre votre temps. Lorsque vos péchés seront lavés, alors Dieu répondra à toutes vos prières.

L'Écriture : <u>Romains 3 : verset 23 : car tous ont péché et sont privés de la gloire de Dieu,</u>

Points de prière

Bonjour mon Père, créateur du Ciel et de la Terre, je te salue ce matin, tu es le Roi des Rois, les Seigneurs des Seigneurs, l'Alpha et l'Oméga, le Début et la Fin. Père, pardonne-moi tous les péchés que j'ai commis consciemment ou inconsciemment, aie pitié de moi (mentionne tous les péchés dont tu te souviens). Je me tiens sur le sol du sang de Jésus pour proclamer la victoire sur le péché, le diable, ses vendeurs et le secteur.

Aujourd'hui, j'ordonne à tous les péchés sexuels dont j'ai été victime dans le passé, y compris la masturbation, la perversion, la fornication, la pornographie, les fantasmes et l'adultère, de s'en aller de ma vie et de ne jamais revenir par la puissance du sang de Jésus-Christ. Aujourd'hui, je brise toutes les malédictions de l'adultère, de la perversion, de la fornication, de la luxure, du viol, de l'illégitimité, de la prostitution, de la polygamie, etc. par la puissance du sang de Jésus-Christ.

Aujourd'hui, j'ordonne à tous les esprits de luxure et de perversion de sortir de mon ventre, de mes organes génitaux, de mes yeux, de mon esprit, de ma bouche, de mes mains, par la puissance du sang de Jésus-Christ. Aujourd'hui, j'ordonne à tous les esprits de solitude qui me pousseraient à des relations sexuelles impies de disparaître de ma vie par le pouvoir dans le sang de Jésus-Christ.

J'ordonne à tous les esprits de la sorcellerie liés à la luxure qui me fait commettre un péché de fornication et d'adultère de partir aujourd'hui par la force au nom de Jésus-Christ. Père, je te remercie de m'avoir réveillé ce matin, je te remercie de m'avoir protégé toute la nuit, je t'en suis très reconnaissant. Beaucoup de gens ont dormi hier, mais n'ont pas pu témoigner aujourd'hui. Je te remercie pour le don de la vie et de la force dans l'accomplissement de toute la tâche qui m'attend pour accomplir mon Destin. Je tiens également à vous remercier, mon Père, de veiller sur ma famille et sur moi tout au long de la nuit et aussi de me protéger par l'intermédiaire de vos Anges gardiens. Père, Seigneur, écoute ma voix ce matin et que le but pour lequel tu m'as donné aujourd'hui soit établi au nom puissant de notre Seigneur Jésus-Christ.

Je décrète et je déclare par le pouvoir dans le sang de Jésus- Christ, que je réussirai dans tous les domaines où je mettrai la main à partir d'aujourd'hui. Chaque jour de ma vie, je connaîtrai, en abondance, des succès, des bénédictions, au nom puissant de Jésus- Christ.
Père, Seigneur, laisse-moi voir ta présence dans mon mouvement à divers endroits pour la cause de mon travail aujourd'hui et en tout, je pose mes mains au nom de Jésus

Seigneur, je demande la sagesse et la compréhension pour exceller aujourd'hui au nom de Jésus Christ. Mon Dieu, alors que je m'apprête à accomplir la tâche d'aujourd'hui, guidez ma bouche et surveillez mes oreilles, mon cœur, mes pensées et mon imagination, afin d'éviter les erreurs lorsque je parle aux gens, à mes clients, à mon patron, à mes partenaires commerciaux, etc.

Je décrète et je déclare qu'aujourd'hui sera un jour spécial pour moi, que tout ce que je lie soit lié, et que tout ce que je détache soit détaché, au nom de Jésus Aujourd'hui, par la puissance du sang de Jésus Christ que je commande, chaque homme et femme avec qui je parlerai me bénira abondamment car je sais que c'est aujourd'hui mon jour de bénédiction et je te remercie, Père, pour les bénédictions et la disponibilité du sang de Jésus. J'applique le sang de Jésus à tous les problèmes tenaces que je peux rencontrer aujourd'hui, je serai victorieux que le diable le veuille ou non.

Aujourd'hui, je paralyse et je rends inutiles tous les pouvoirs sataniques délégués envers moi et mon entreprise par le pouvoir dans le sang de Jésus-Christ. Aujourd'hui, je décrète et déclare que toute porte que j'ai ouverte à l'ennemi sera fermée de façon permanente par la puissance dans le sang de Jésus-Christ. Aujourd'hui, je décrète et je déclare que la tête de mon Goliath sera coupée par la puissance dans le sang de Jésus-Christ

Commandez le jour : Deuxième jour

Voix divine : Aujourd'hui, nous allons examiner le mot Voix divine. Chaque jour, Dieu nous parle, mais la plupart du temps, nous n'entendons pas les messages de Dieu parce que nous ne le cherchons pas dès le matin. Vous entendrez Dieu vous parler lorsque vous l'adorerez dès votre réveil avant d'entreprendre la tâche de la journée. L'erreur que font la plupart des chrétiens est de chercher la face du Seigneur lorsqu'ils traversent une crise ou qu'ils sont confrontés à une décision importante. Il n'est pas nécessaire qu'il en soit ainsi. Dieu veut que chaque chrétien ou quiconque entende clairement ses messages, ce qui est tout à fait possible. Comment pouvez-vous entendre les messages de Dieu lorsque vous n'adorez que ceux qui lui sont destinés ? Vous devez invoquer le nom du Seigneur chaque jour, le matin, pour entendre sa douce voix.

Plus vous vous rapprochez de Dieu, plus vous entendez parler de lui. Dieu a besoin de vous parler pour vous guider tout au long de la journée.

L'Écriture : Exode 24:16 : La gloire de l'Éternel reposa sur le mont Sinaï, et la nuée le couvrit pendant six jours. Le septième jour, il appela Moïse du milieu de la nuée.

Points de prière

Seigneur, je te remercie beaucoup de nous avoir réveillés ce matin ; nous t'accordons la grâce, l'honneur et l'adoration.

Seigneur, je suis désolé de ne pas avoir prêté attention à votre voix ou de ne pas avoir envie de l'entendre. Père, aie pitié de moi et pardonne-moi.
Seigneur mon Père, donne-moi des oreilles pour entendre ta voix et donne-moi la capacité de reconnaître ta voix parmi toutes les autres voix étranges.
Seigneur, ouvre mon cœur pour entendre ta voix et ferme mes oreilles en permanence aux murmures du diable. Le Seigneur Jésus m'a ouvert les portes de l'opportunité aujourd'hui.

Je décrète et je déclare que toutes les forces maléfiques inconnues organisées contre mon entreprise pour aujourd'hui être dispersées par le pouvoir dans le sang de Jésus-Christ. Ce matin, alors que je m'apprête à accomplir ma tâche, je détruis tous les plans du diable contre mes affaires et mes activités par le pouvoir
Je détruis toute puissance ou toute principauté qui voudrait me priver du miracle qui m'est dû aujourd'hui, recevoir les pierres de feu, au nom de Jésus.

Aujourd'hui, je reviendrai à la maison avec des nouvelles de Dieu au nom de Jésus-Christ. Aujourd'hui, alors que je vous cherche en premier, dirigez-moi vers les bonnes choses que vous avez préparées pour moi aujourd'hui et faites de votre volonté ma priorité. Aujourd'hui, alors que je travaille selon votre agenda, le succès sera à moi au nom de Jésus. dans le sang de Jésus-Christ.

Commandez la journée : Troisième jour

L'Écriture : Matthieu 7:7 : "Demandez, et l'on vous donnera ; cherchez, et vous trouverez ; frappez, et l'on vous ouvrira.

Sujet : Restauration

Aujourd'hui, nous allons examiner toutes les choses que vous avez perdues au profit du diable. Au cours du voyage de la vie, nous avons perdu une chose ou l'autre au profit de nos ennemis. Aujourd'hui, vous devez reprendre tout ce que vous avez perdu au profit de vos ennemis.

Avez-vous remarqué une perte de vos biens dernièrement au profit de personnes mal intentionnées ? Vous êtes actuellement confronté à des problèmes financiers et vous sentez que le monde est sur le point de s'éteindre ? Vos débiteurs ne veulent pas ou ne peuvent pas payer ? Vos biens ont été volés et vous souhaitez les récupérer et faire arrêter les voleurs ? Souhaitez-vous récupérer vos pertes financières passées ? Votre mariage bat-il de l'aile ? Avez-vous perdu votre emploi récemment ? Avez-vous perdu votre santé à cause de maladies dangereuses et n'avez pas pu trouver de remède ? Et ainsi de suite. Si vous dites oui à l'un des problèmes ci-dessus, alors vous devez prier Dieu tous les matins sans interruption.

Points de prière

Seigneur, maintenant que j'ai confessé tous mes péchés et que je promets de ne plus pécher, je décrète donc que toute parole qui sort de ma bouche aujourd'hui en priant doit être accomplie et revenir dans le passé au nom de Jésus. Aujourd'hui, je reçois l'onction de la restauration au nom de Jésus. et j'ordonne à toute personne qui a pris ce qui m'appartient de le libérer maintenant au nom de Jésus.

Je rends inutiles toutes les puissances qui me privent des miracles qui me sont dus : elles reçoivent les pierres de feu, par la puissance dans le sang de Jésus-Christ. Aujourd'hui, je lie et chasse tous les hommes forts de ma vie, de ma famille ou de mon environnement qui refusent de libérer mes bénédictions, ma percée, mon miracle, ma promotion ou ma prospérité au nom de Jésus. Aujourd'hui, je lie l'esprit de dépression, de frustration et de désillusion dans ma vie, au nom de Jésus. Aujourd'hui, j'ordonne que toutes les forces maléfiques inconnues organisées contre ma vie soient dispersées, au nom de Jésus.

Aujourd'hui, je paralyse toute activité de parasites et de dévoreurs physiques et spirituels dans ma vie, au nom de Jésus.

Aujourd'hui, je récupère des mains de l'ennemi tous les biens que j'ai égarés sans le savoir, au nom de Jésus. Aujourd'hui, je vais retrouver toutes les bonnes choses que j'ai perdues aux mains de l'ennemi et les récupérer au nom de Jésus- Christ. J'ordonne que toutes les portes s'ouvrent pour que je puisse percer aujourd'hui et je rejette l'esprit d'impossibilité, au nom de Jésus-Christ.

Aujourd'hui, je décrète la restauration au septuple dans tous les domaines de ma vie, au nom de Jésus. Seigneur, laissez-moi vivre un miracle stupéfiant aujourd'hui au nom de Jésus. Aujourd'hui, Seigneur, donnez-moi la solution à tout problème auquel je suis confronté, au nom de Jésus.

Je décrète et je déclare que les arbres des problèmes de ma vie, sèchent aujourd'hui jusqu'à leurs racines, au nom de Jésus. Je possède le pouvoir de poursuivre, de dépasser et de récupérer mes biens du Malin d'aujourd'hui, au nom de Jésus-Christ. Aujourd'hui, j'ordonne à tous les sorts, malédictions et incantations démoniaques prononcés contre moi de mourir maintenant au nom de Jésus-Christ.

Aujourd'hui, Seigneur, guéris toutes les blessures et balles spirituelles subies lors des attaques de l'ennemi.

Aujourd'hui, j'ordonne à tous les potentiels et dons cachés qui me seront volés et qui me rendront grand, de restaurer 21 fois au nom de Jésus.

J'ordonne à l'espritde regret et de déception de mourir aujourd'hui au nom de Jésus-Christ.

Seigneur, donnez-moi le pouvoir pour un nouveau départ aujourd'hui.

Seigneur, fais de ma vie un miracle et sois glorifié dans tous ses aspects, au nom de Jésus.

Commandez la journée : Quatrième jour

Restauration 2

L'Écriture : Marc 8:22-25 Ils arrivèrent à Bethsaïde. Ils amenèrent un aveugle à Jésus et le prièrent de le toucher. Prenant l'aveugle par la main, il le fit sortir du village ; et, après avoir craché sur ses yeux et lui avoir imposé les mains, il lui demanda : "Vois-tu quelque chose
? Il leva les yeux et dit : "Je vois des hommes, car je les vois comme des arbres, se promenant." Puis il a de nouveau posé les mains sur ses yeux, et il a regardé attentivement et a été restauré, et il a commencé à tout voir clairement.

Points de prière

Je décrète que chaque mot qui sort de ma bouche en priant aujourd'hui doit être accompli au nom de Jésus.

Aujourd'hui, Seigneur, ouvre-moi des portes de possibilités, au nom de Jésus-Christ. Aujourd'hui, je reçois l'onction de la restauration au nom de Jésus.

J'ordonne à toute personne ou personnalité qui a pris ce qui m'appartient de le relâcher aujourd'hui au nom de Jésus-Christ. J'ordonne à toute puissance me refusant les miracles qui me sont dus, de recevoir les pierres de feu, au nom de Jésus-Christ.

Je lie et chasse tout homme fort dans ma vie, ma famille ou mon environnement qui refuse de libérer mes bénédictions, ma percée, mon miracle, ma promotion ou ma prospérité au nom de Jésus.

J'ordonne à l'esprit de dépression, de frustration et de désillusion de ma vie de mourir aujourd'hui au nom de Jésus-Christ.

J'ordonne que toutes les forces maléfiques inconnues organisées contre ma vie soient dispersées, au nom de Jésus-Christ. J'ordonne que toute activité de parasites et de dévoreurs physiques et spirituels dans ma vie soit paralysée au nom de Jésus- Christ.

J'ordonne à tout ce que je possède des mains de l'ennemi de me revenir au nom de Jésus-Christ. Le tonnerre de Dieu consumera l'horloge maléfique de l'ennemi qui travaille contre ma vie, au nom de Jésus.

J'ordonne que tous les biens que j'ai gaspillés soient restaurés au nom de Jésus.

J'ordonne que tout obstacle à mes percées soit éliminé par la puissance du sang de Jésus-Christ.

J'ordonne que tout obstacle à mon miracle soit détruit par le feu du Saint-Esprit au nom de Jésus. J'ordonne à chaque corne dispersant mes bénédictions et ma percée de se briser en morceaux par la puissance dans le sang de Jésus-Christ.

Aujourd'hui, je détruis toutes les haies que l'ennemi a placées sur mes bénédictions pour m'empêcher de les recevoir de mon vivant, au nom de Jésus. Aujourd'hui, j'ordonne à toute puissance maléfique qui retient mes prières, d'être liée, au nom de Jésus.

Aujourd'hui, j'ordonne que toutes les portes des bonnes choses, fermées contre moi par l'ennemi, soient ouvertes, au nom de Jésus. Aujourd'hui, je commande que chaque ombre de ténèbres que l'ennemi a jetée sur moi, c'est-à-dire empêchant ma prospérité, mon emploi, mes contacts commerciaux, ma promotion ou ma percée, soit détruite par le feu au nom de Jésus-Christ.

Aujourd'hui, j'ordonne que tous les potentiels et dons cachés qui me rendront grand, qui m'ont été volés, soient restaurés 29 fois, au nom de Jésus-Christ. Aujourd'hui, j'ordonne à toute personne qui a fait le vœu de ne jamais me remettre ce que Dieu m'a destiné, d'être détruite par la puissance du sang de Jésus-Christ.

Aujourd'hui, j'ordonne à toute alliance ou malédiction faisant obstacle à la restauration divine dans ma vie, de se briser en morceaux par la puissance dans le sang de Jésus-Christ

Commandez la journée : Cinquième jour

L'Écriture : Esaïe 41:13 : "Car je suis l'Éternel, ton Dieu, qui soutient ta droite, qui te dit : Ne crains pas, je te secourrai.ujet : Restauration 3 Points de prière
Je commande aux arbres de problèmes dans ma vie, de sécher jusqu'aux racines, au nom de Jésus-Christ. Avec le sang de Jésus Christ, je brise toute alliance qui donne à l'ennemi le dessus pour m'enlever les bénédictions que Dieu m'a données, au nom de Jésus Christ.

J'ordonne que toute méchanceté domestique dévorant les bénédictions que Dieu Tout-Puissant a accordées à ma vie et à ma famille soit détruite par la puissance du sang de Jésus-Christ. J'ordonne la restauration au centuple de tout ce que l'ennemi m'a pris quand j'étais faible, au nom de Jésus. Je démolis totalement tous les obstacles sur mon chemin vers le succès, la promotion, la bénédiction, la percée et la victoire, au nom de Jésus.

J'ordonne à toute bonne chose que Dieu m'a destinée, mais qui est en possession de quelqu'un d'autre, de revenir à moi par la puissance du sang de Jésus-Christ. Je possède le pouvoir de poursuivre, de dépasser et de récupérer mes bénédictions entre les mains de mes ennemis par le pouvoir dans le sang de Jésus-Christ.

J'ordonne que tous les sorts, malédictions et incantations démoniaques prononcés contre moi meurent aujourd'hui par la puissance du sang de Jésus-Christ. Seigneur mon Père, je retire toute personne ou personnalité assise sur mes bénédictions, miracles, percée, prospérité, finance, emploi ou bonne santé, par la puissance du sang de Jésus-Christ.

J'ordonne à tous mes biens, au nord, au sud, à l'est ou à l'ouest, de venir à moi aujourd'hui, par la puissance du sang de Jésus-Christ. J'ordonne que mes possessions dans le domaine spirituel soient libérées dans le domaine physique par le feu, au nom de Jésus- Christ.
Au nom de Jésus-Christ, je reçois la restauration au centuple de tout ce que l'ennemi m'a volé.

Om mandez la journée : Sixième jour

Psaume 103, 1-22 : De David. Bénis l'Éternel, mon âme, et tout ce qui est en moi, bénis son saint nom ! Bénis l'Éternel, mon âme, et n'oublie pas tous ses bienfaits, qui pardonne toute ton iniquité, qui guérit toutes tes maladies, qui rachète ta vie de la fosse, qui te couronne d'un amour et d'une miséricorde inébranlables, qui te rassasie de biens afin que ta jeunesse soit renouvelée comme celle de l'aigle. ..

Faire face aux pouvoirs de la sorcellerie 1
Êtes-vous en colère et frustré ? Êtes-vous fatigué de ce monde ? Vous sentez-vous malheureux la plupart du temps malgré le fait que vous êtes à l'aise financièrement et autrement ? Êtes-vous confus et découragé ? Avez-vous du mal à prêter attention aux problèmes ou à la façon dont quelqu'un vous parle ? Oubliez-vous qui vous êtes en tant qu'enfant de Dieu ? Alors vous devez prier tous les points de prière pour aujourd'hui. Lorsque vous êtes envoûté par la sorcellerie, vous devenez confus. Satan voudra vous empêcher d'atteindre votre destin. En d'autres termes, ceux qui sont attaqués par Satan ne peuvent pas se connecter avec Dieu. Aujourd'hui, vous devez prier avec une sainte agressivité si vous ressentez les signes suivants.

L'Écriture : Marc 16:17 dit : "Et ces signes (de chasser) suivront ceux qui croient (les chrétiens) en Mon nom (JESUS), ils "chasseront les démons".

Points de prière
Par la puissance dans le sang de Jésus-Christ, je décrète et je déclare que toute puissance qui veut que je travaille en vain mourra, au nom de Jésus.

Comme je m'engage dans les affaires d'aujourd'hui, je décrète que mes investissements apporteront de grands bénéfices, au nom de Jésus-Christ.
Je décrète que toute puissance qui veut détruire mon entreprise aujourd'hui, vous ne témoignerez pas aujourd'hui par la puissance dans le sang de Jésus-Christ.
J'ordonne à toutes les ténèbres qui traînent en regardant mon mouvement au matin, de devenir aveugles par la puissance dans le sang de Jésus-Christ.
Onction pour exceller ce matin, accordez-la-moi au nom de Jésus-Christ. J'ordonne à tout pouvoir qui se réunit au milieu de la nuit contre mon destin de mourir par le pouvoir dans le sang de Jésus-Christ.

J'ordonne au tonnerre de Dieu de détruire toutes les principautés et puissances aériennes qui opèrent sur ma vie, par le pouvoir dans le sang de Jésus-Christ
J'ordonne au fil de Dieu de détruire toute méchanceté dans les hauts lieux et les trônes maléfiques dans les airs opérant sur ma vie par le pouvoir au nom de Jésus-Christ.
Par la puissance qui est en moi, en tant qu'enfant de Dieu, je lie toutes les dominations maléfiques et les hommes forts dans l'air qui opèrent sur ma vie par la puissance dans le sang de Jésus-Christ.,

Aujourd'hui, commandez tous les pouvoirs et instruments de sorcellerie utilisés pour manipuler ma vie afin qu'elle se disperse en morceaux par le pouvoir dans le sang de Jésus-Christ.

Aujourd'hui, je décrète et je déclare que toute flèche de sorcellerie affligeant mon corps dans le but de m'empêcher d'atteindre le succès que tu m'as destiné sera rôtie par le feu par la puissance dans le sang de Jésus-Christ. Aujourd'hui, j'ordonne à toute présence maléfique dans mon sang de s'assécher maintenant et de la remplacer par du sang plein d'esprit saint par la puissance au nom de Jésus-Christ.

Commandez la journée : Sixième jour

Psaume 103, 1-22 : De David. Bénis l'Éternel, mon âme, et tout ce qui est en moi, bénis son saint nom ! Bénis l'Éternel, mon âme, et n'oublie pas tous ses bienfaits, qui pardonne toute ton iniquité, qui guérit toutes tes maladies, qui rachète ta vie de la fosse, qui te couronne d'un amour et d'une miséricorde inébranlables, qui te rassasie de biens afin que ta jeunesse soit renouvelée comme celle de l'aigle. ..

Faire face aux pouvoirs de la sorcellerie 1

Êtes-vous en colère et frustré ? Êtes-vous fatigué de ce monde ? Vous sentez-vous malheureux la plupart du temps malgré le fait que vous êtes à l'aise financièrement et autrement ? Êtes-vous confus et découragé ? Avez-vous du mal à prêter attention aux problèmes ou à la façon dont quelqu'un vous parle ? Oubliez-vous qui vous êtes en tant qu'enfant de Dieu ? Alors vous devez prier tous les points de prière pour aujourd'hui. Lorsque vous êtes envoûté par la sorcellerie, vous devenez confus. Satan voudra vous empêcher d'atteindre votre destin. En d'autres termes, ceux qui sont attaqués par Satan ne peuvent pas se connecter avec Dieu. Aujourd'hui, vous

devez prier avec une sainte agressivité si vous ressentez les signes suivants. L'Écriture : Marc 16:17 dit : "Et ces signes (de chasser) suivront ceux qui croient (les chrétiens) en Mon nom (JESUS), ils "chasseront les démons". Points de prière
Par la puissance dans le sang de Jésus-Christ, je décrète et je déclare que toute puissance qui veut que je travaille en vain mourra, au nom de Jésus.

Comme je m'engage dans les affaires d'aujourd'hui, je décrète que mes investissements apporteront de grands bénéfices, au nom de Jésus-Christ.
Je décrète que toute puissance qui veut détruire mon entreprise aujourd'hui, vous ne témoignerez pas aujourd'hui par sa puissance dans le sang de Jésus-Christ. J'ordonne à toutes les ténèbres qui traînent en regardant mon mouvement au matin, de devenir aveugles par la puissance dans le sang de Jésus-Christ.
Onction pour exceller ce matin, accordez-la-moi au nom de Jésus-Christ.

J'ordonne à tout pouvoir qui se réunit au milieu de la nuit contre mon destin de mourir par le pouvoir dans le sang de Jésus-Christ. J'ordonne au tonnerre de Dieu de détruire toutes les principautés et puissances aériennes qui opèrent sur ma vie, par le pouvoir dans le sang de Jésus-Christ J'ordonne au fil de Dieu de détruire toute méchanceté dans les hauts lieux et les trônes maléfiques dans les airs opérant sur ma vie par le pouvoir au nom de Jésus-Christ.

Par la puissance qui est en moi, en tant qu'enfant de Dieu, je lie toutes les dominations maléfiques et les hommes forts dans l'air qui opèrent sur ma vie par la puissance dans le sang de Jésus-Christ., Aujourd'hui, commandez tous les pouvoirs et instruments de sorcellerie utilisés pour manipuler ma vie afin qu'elle se disperse en morceaux par le pouvoir dans le sang de Jésus-Christ.

Aujourd'hui, je décrète et je déclare que toute flèche de sorcellerie affligeant mon corps dans le but de m'empêcher d'atteindre le succès que tu m'as destiné sera rôtie par le feu par la puissance dans le sang de Jésus-Christ. Aujourd'hui, j'ordonne à toute présence maléfique dans mon sang de s'assécher maintenant et de la remplacer par un sang rempli du Saint-Esprit par la puissance au nom de Jésus-Christ.

Commandez la journée : Septième jour

L'Écriture : 3. Galates 5:19-21 Or les actions de la chair sont évidentes : l'immoralité sexuelle, l'impureté, la promiscuité, l'idolâtrie, la sorcellerie, la haine, la rivalité, la jalousie, les accès de colère, les querelles, les conflits, les factions, l'envie, le meurtre, l'ivresse, les fêtes sauvages, et les choses comme ça. Je vous dis maintenant, comme je vous l'ai dit dans le passé, que les personnes qui pratiquent de telles choses n'hériteront pas du royaume de Dieu.

Faire face aux

pouvoirs de la

sorcellerie 2 Points

de prière

Je commande à chaque tempête de vie qui m'attend ce matin de mourir au nom de Jésus-Christ.

J'ordonne à toute flèche maléfique qui m'est envoyée ce matin de retourner à l'expéditeur au nom de Jésus-Christ. J'ordonne à tout ce qui est préparé par l'ennemi pour nuire à mon destin de prendre feu, au nom de Jésus.

À partir d'aujourd'hui, le Dieu des signes et des prodiges apparaîtra dans ma situation par le feu, au nom de Jésus.
J'ordonne à tous les malfaiteurs qui me sont assignés aujourd'hui de se réveiller pour faire un saut d'été et mourir au nom de Jésus.m Aujourd'hui, je détruis et réduis à néant tous les pouvoirs de sorcellerie qui réclament ma tête en utilisant un miroir maléfique : Ils deviendront aveugles par le pouvoir dans le sang de Jésus-Christ.
Aujourd'hui, j'ordonne aux mauvais messagers de la sorcellerie de transmettre leur message à l'expéditeur, par le

 pouvoir dans le sang de Jésus-Christ.
Aujourd'hui, j'ordonne à chaque chaîne limitant ma progression et ma bénédiction de rompre par la puissance dans le sang de Jésus- Christ.
Aujourd'hui, toi esprit de l'Infirmité, éloigne-toi de ma vie, par la puissance dans le sang de Jésus-Christ.
Dieu m'a donné un cerveau, un sens pour mener à bien l'activité d'aujourd'hui de manière efficace, c'est pourquoi j'ordonne à chaque servitude contre mon cerveau et mes sens de se briser par le feu au nom de Jésus-Christ.
Aujourd'hui, je décrète et je déclare que toute puissance du royaume des ténèbres qui veut affaiblir mon autorité spirituelle, mourra, par la puissance dans le sang de Jésus-Christ. Aujourd'hui, je lie chaque Mascarade chargée de dormir dans ma maison, de mourir, afin de détruire mon destin, au nom de Jésus.

Commandez la journée : 8e jour

L'Écriture : Psaume 5:3

Faire face aux pouvoirs de la

sorcellerie 3 Prière pour

donner l'ordre

Aujourd'hui, j'ordonne que tout esprit gênant autour de
moi soit

détruit par le feu au nom de Jésus-Christ.
Aujourd'hui, j'ordonne que le pouvoir de l'esprit dévorant et la
limitation dans ma vie soient détruits par le feu au nom de
Jésus- Christ.
J'ordonne que tout décret pris sur mes pieds parce que je suis
venu au Christ, soit révoqué par la puissance dans le sang de
Jésus- Christ.

Seigneur Père, libère l'esprit du charpentier sur moi pour
détruire les cornes des ennemis, au nom de Jésus.
J'ordonne à tout décret qui veut faire en sorte que le barrage
satanique sur mon chemin de la percée d'aujourd'hui, se
disperse par le feu, au nom de Jésus.
Père Seigneur, viens et sois notre berger, pour nous garder
ensemble et nous sauver des voleurs, au nom de Jésus.
J'ordonne à toute puissance satanique qui veut disperser ce
que j'ai recueilli, de tomber et de mourir par la puissance dans
le sang de Jésus-Christ.

J'ordonne à tout pouvoir de sorcellerie de causer un déraillement dans ma vie ; de se disperser par le Feu, par la puissance dans le sang de Jésus-Christ.
Je commande à tout pouvoir mis en place de superviser et de confirmer l'échec de ma vie, de mourir par le feu, au nom de Jésus. J'ordonne à tout ce qui est en moi et qui contredit la parole de Dieu de faire mourir par le feu, au nom de Jésus, une erreur dans ma vie.
Je commande à tout pouvoir qui prend un décret d'affecter ma position dans le Seigneur, de briser par le feu, au nom de Jésus- Christ.

J'ordonne à tout décret maléfique sur ma vie, mes affaires et ma famille d'être brisé aujourd'hui par le pouvoir dans le sang de Jésus- Christ.
Je commande à tout ce qui conteste la présence du Saint-Esprit en moi, de mourir aujourd'hui par la puissance du sang de Jésus- Christ. Seigneur, j'ordonne à mon aide de me localiser où que je sois par la puissance dans le sang de Jésus-Christ. Seigneur, j'ordonne au pouvoir de réussir dans la vie, de venir à moi aujourd'hui, au nom de Jésus-Christ

Commandez la journée : 9ᵉ jour

L'Écriture : Apocalypse 21:8 "Mais les lâches, les infidèles, les corrompus, les meurtriers, les immoraux, ceux qui pratiquent la sorcellerie, les adorateurs d'idoles, et tous les menteurs, leur sort est dans l'étang ardent de soufre brûlant. C'est la deuxièmemort".

Faire face aux

pouvoirs de la

nuit Points de

prière pour

donner l'ordre 2

J'ordonne à chaque destructeur du Destin de devenir aveugle
par la puissance dans le sang de Jésus-Christ.
Seigneur, j'ordonne que l'onction pour la créativité profitable tombe aujourd'hui par la puissance dans le sang de Jésus-Christ. Toi, l'esprit de la tombe et de la mort, sois dispersé, au nom de Jésus.

J'annule toutes les malédictions de mort prématurée envoyées contre moi, au nom de Jésus.

Je refuse de mourir avant mon temps, au nom de Jésus.

Je plaide le sang de Jésus sur mon corps, mon âme et mon esprit et je neutralise chaque poison satanique déposé dans ma vie. Maladie, douleur et faiblesse, sortez de mon système, au nom de Jésus.

Chaque maladie, plantée dans mon corps, à travers les rêves, s'en va, au nom de Jésus. Tous les efforts de l'ennemi pour affaiblir ma vie de prière, mourir, au nom de Jésus.

J'annule tout rêve de désespoir, au nom de Jésus.

Je bannis tout rêve insensé et dénué de sens, au nom de Jésus. Les rêves négatifs ne s'effaceront pas de ma vie, au nom de Jésus. Vous, cannibales spirituels, vomissez mon sang et ma chair maintenant, au nom de Jésus. Mauvais travailleurs de la nuit, j'écrase vos pouvoirs, au nom de Jésus. Chaque esprit qui m'a opprimé dans mes rêves, je déclare ma maison et ma chambre zones de danger pour vous, au nom de Jésus".

Vous, les puissances de la nuit, j'ordonne à la puissance de Dieu de vous poursuivre, au nom de Jésus.

Vous, les puissances de la nuit, j'ordonne à l'épée du Seigneur de vous tuer, au nom de Jésus.

Que toute puissance maléfique des ministres de la nuit soit démantelée, au nom de Jésus.

Chaque carte des pouvoirs de la nuit, soit brisée, au nom de Jésus. Tous les pièges des puissances de la nuit, soyez détruits, au nom de Jésus

Tout contrôle maléfique des pouvoirs de la nuit, soit détruit, au nom de Jésus.
Toute servitude maléfique des puissances de la nuit, se brise, au nom de Jésus.
Que toutes les œuvres des puissances de la nuit soient exposées et portées à la lumière, au nom de Jésus.

Toi, puissances maléfiques de la nuit, sois humilié et déshonoré, au nom de Jésus. Que le trône maléfique des puissances de la nuit soit démantelé par la puissance de tonnerre de Dieu, au nom de Jésus.
Toutes les opérations magiques de la nuit, soient détruites, au nom de Jésus.

Tous les pouvoirs d'enchantement et de sorcellerie de la nuit, meurent, au nom de Jésus.
J'entasse la honte et la vengeance du Seigneur sur toutes les puissances mauvaises de la nuit, au nom de Jésus.
Toutes les malédictions des puissances maléfiques de la nuit, soient brisées, au nom de Jésus. Que tous les liens d'âme maléfiques qui m'influencent par les puissances maléfiques de la nuit soient brisés, au nom de Jésus.

Que toutes les portes ouvertes par les puissances maléfiques de la nuit soient fermées, au nom de Jésus.
Au nom de Jésus, j'attaque et je détruis toutes les zones de contrôle tenues par les puissances maléfiques de la nuit.
Trempe de la délivrance, meurs, au nom de Jésus.
J'annule tous les plans et programme des puissances maléfiques de la nuit, au nom de Jésus.
Je déprogramme chaque mission des puissances maléfiques de la nuit, au nom de Jésus.

Commandez le jour 10

Points de prière

Aujourd'hui, j'ordonne que la méchanceté des méchants expire par le pouvoir au nom de Jésus-Christ.
O Dieu, lève-toi et réponds à mes prières, je vais prier aujourd'hui : Je rirai certainement à la fin de cette journée au nom de Jésus.
Aujourd'hui, j'ordonne que tout obstacle à mon succès soit éliminé par la puissance dans le sang de Jésus-Christ.
Aujourd'hui, j'ordonne à toute paresse et procrastination dans ma vie de mourir par la puissance dans le sang de Jésus-Christ.

Aujourd'hui, que le pouvoir de résurrection du sang de Jésus- Christ fasse de l'ombre et m'entoure alors que je sors pour les affaires du jour.
Aujourd'hui, j'ordonne à mon esprit et à mon âme de ne pas écouter la voix de Satan, j'obéirai au Seigneur mon Dieu par la puissance du sang de Jésus-Christ.
Aujourd'hui, alors que je vais faire des affaires, mon Dieu me dirigera mon aide et je les localiserai au nom de Jésus.

Que les portes et les portails d'aujourd'hui me restent ouverts par la puissance dans le sang de Jésus-Christ. J'ordonne aujourd'hui à mes cieux de rester ouverts par le feu au nom de Jésus-Christ. J'ordonne à l'utérus d'aujourd'hui de s'ouvrir et de libérer mes bienfaits divins au nom puissant de notre Seigneur Jésus-Christ. Ô Seigneur, je commande à mes aides divines d'aujourd'hui d'être libérés maintenant et de me localiser par la puissance dans le sang de Jésus-Christ. J'ordonne à tout démon délégué de me chasser aujourd'hui ; de s'enflammer par la puissance dans le sang de Jésus-Christ.

J'ordonne à tout joug d'arriération assigné contre mon destin aujourd'hui de rompre par la puissance dans le sang de Jésus-Christ. O Dieu, lève-toi aujourd'hui et rétablis les pertes que j'ai subies dans le passé, au nom de Jésus-Christ. Je déracine les obstacles à mes témoignages cette année, au nom de Jésus Je ne manquerai pas mon allocation divine aujourd'hui au nom de Jésus-Christ Je ne rencontrerai aucune forme de honte, de défaite et de rétrogradation aujourd'hui par le pouvoir dans le sang de Jésus- Christ. Des miracles qui effaceront mon ridicule passé, se manifestent aujourd'hui par la puissance dans le sang de Jésus-Christ. Aujourd'hui est ma saison d'honneur et de percée rare au nom de Jésus-Christ

Commandez le jour : 11ème jour

Sujet : Victoire sur les attaques sataniques 1

Satan entrave l'œuvre de Dieu. Satan répand le doute et l'incrédulité dans l'esprit des chrétiens lorsque la parole de Dieu est prêchée. Satan fait naître des pensées de doute, de peur, d'inquiétude, de confusion et de découragement dans l'esprit des chrétiens.

Pratiquement tous les péchés que les chrétiens commettent chaque jour proviennent de Satan. Satan est un trompeur, il essaie de tromper les chrétiens en leur faisant croire que désobéir aux commandements de Dieu n'est pas un péché. Aujourd'hui, à votre réveil, priez sur les attaques sataniques, car vous risquez d'être confronté à des tentations sataniques dans l'accomplissement de votre tâche quotidienne pendant les 7 prochains jours.

Points de prière
Seigneur mon Dieu, merci beaucoup de m'avoir réveillé ce matin en bonne santé et l'esprit sain.
Seigneur, je vous confie les activités d'aujourd'hui, s'il vous plaît, mon Père, prenez le contrôle absolu.
Seigneur, guide mon cœur contre l'attaque satanique. Satan sait que si je suis tous tes Grands Commandements, il est impuissant, donc mon Père, guide et libère-moi des tentations sataniques. J'ordonne à tous les pouvoirs de sorcellerie de ma fondation de mourir aujourd'hui par le pouvoir au nom de Jésus-Christ. Seigneur, que chaque sang qui crie depuis ma fondation contre mon destin meure aujourd'hui par la puissance dans le sang de Jésus-Christ.

Aujourd'hui, je commande une alliance maléfique dans ma fondation, me retenant captif pour me briser par la puissance dans le sang de Jésus-Christ. Aujourd'hui, j'ordonne à toutes les mauvaises paroles de ma fondation qui affectent mon progrès de mourir maintenant par la puissance du sang de Jésus-Christ.   J'ordonne à toute puissance occulte dans mon fondement qui s'empare de ma vie, de mourir aujourd'hui par la puissance dans le sang de Jésus-Christ.
J'ordonne à tout adversaire malfaisant qui conteste le plan de Dieu dans ma vie de vivre aujourd'hui par la puissance dans le sang de Jésus-Christ.

Tout le mal associé à la maison de mon père et de ma mère, ma vie n'est pas votre candidat pour mourir au nom de Jésus. J'ordonne au tonnerre de Dieu d'abattre toutes les cages sataniques et les prisons construites contre moi au nom de Jésus. Aujourd'hui, je renverse tous les effets néfastes de toute transaction commerciale à laquelle j'ai participé dans le passé par la puissance du sang de Jésus-Christ. Je lie tous les yeux démoniaques qui voient ma bénédiction avant la manifestation : ils deviendront aveugles par la puissance dans le sang de Jésus-Chris

Commandez le jour : 12ème jour

Victoire sur l'attaque satanique 2

Points de prière

Aujourd'hui, j'ordonne à toutes les ténèbres en moi de se disperser par la puissance dans le sang de Jésus-Christ. J'ordonne que tout alter ego maléfique, que ce soit la maison de mon père ou celle de ma mère, s'enflamme aujourd'hui par la puissance du sang de Jésus-Christ. Aujourd'hui, je renie toute association avec le mal par la puissance du sang de Jésus-Christ.

Au nom de Jésus, toutes les ténèbres de mon lieu de travail et de mon habitation s'estompent.

J'ordonne à chaque agent satanique chargé d'arrêter ma gloire, de s'enflammer par la puissance dans le sang de Jésus-Christ. Ma gloire ne sera pas enlevée par les mauvaises tempêtes de la vie par la puissance dans le sang de Jésus-Christ. Je commande à chaque tempête de ma vie qui a fait de moi un esclave de la peur de mourir aujourd'hui par le po.wer dans le sang de Jésus-Christ

J'ordonne à toute puissance qui récolte ma bonne récompense d'être détruite au nom de Jésus

Aujourd'hui, j'ordonne à l'Esprit d'erreur qui m'a été assigné de transformer mon avance en retard de mourir maintenant par la puissance dans le sang de Jésus-Christ. Aujourd'hui, j'ordonne à mon nom dans les pots maléfiques de la non-réalisation, de sauter maintenant par la puissance dans le sang de Jésus-Christ. Aujourd'hui, je commande à toute puissance démoniaque programmée pour drainer mes ressources de mourir maintenant par la puissance dans le sang de Jésus-Christ.

J'ordonne aujourd'hui de me favoriser par la puissance dans le sang de Jésus-Christ. Seigneur, ouvre mes yeux pour voir clairement tout ce que tu as pour moi aujourd'hui. Aujourd'hui, j'ordonne à tout homme ou femme qui commandite le mal contre ma prospérité d'être rendu pauvre au nom de Jésus- Christ. J'ordonne à toute puissance manipulant mes mains pour le mal dans les cieux de rôtir au nom de Jésus.

Que le sang de Jésus commence à parler de succès à ma carrière/entreprise au nom de Jésus.
Aujourd'hui, alors que je vais faire des affaires, aidez-moi à localiser ma profession pour de grands signes et des merveilles qui surprendront mes ennemis au nom de Jésus. Aujourd'hui, j'ordonne à tout pouvoir parlant de pauvreté dans ma profession ou mon travail d'être déshonoré par le pouvoir dans le sang de Jésus-Christ. Je tire toutes les flèches de non-réalisation, tirées dans mon œuvre, pour en sortir et retourner à leur expéditeur par la puissance dans le sang de Jésus-Christ. Aujourd'hui, je reçois l'onction pour prospérer au nom de Jésus- Christ.

Aujourd'hui, j'ordonne à tout rassemblement malfaisant contre ma profession, de se disperser par la puissance dans le sang de Jésus-Christ. Aujourd'hui, j'ordonne à tout herboriste qui organise une veillée nocturne satanique pour le bien de ma profession d'être enterré vivant au nom de Jésus-Christ. Aujourd'hui, j'ordonne que chaque graine de pauvreté plantée dans ma vie soit localisée et soit déracinée par la puissance du sang de Jésus-Christ. Aujourd'hui, par la puissance dans le sang de Jésus-Christ, je décrète la prospérité sur ma vie. Esprit de pauvreté, ne place pas ma maison au nom de Jésus-Christ.

Commandez le jour : 13ème jour

Victoire sur l'attaque satanique 3

L'Écriture : Apocalypse 21:8 "Mais les lâches, les infidèles, les corrompus, les meurtriers, les immoraux, ceux qui pratiquent la sorcellerie, les adorateurs d'idoles, et tous les menteurs, leur sort est dans l'étang ardent de soufre brûlant. C'est la deuxièmemort".

Points de prièrem Aujourd'hui, j'ordonne à toute main étrangère qui appuie sur ma tête de se flétrir maintenant Seigneur, oignez-moi pour l'élévation divine au nom de Jésus au nom de Jésus

O Seigneur, que mon échelle au sommet apparaisse maintenant et me conduise à la plus haute montagne au nom de Jésus

J'ordonne à toutes les maladies et afflictions qui me maintiennent sur le terrain de disparaître maintenant au nom de Jésus.

Je tiens le sang de Jésus, comme un bouclier contre toute puissance qui est déjà prête à me résister, au nom de Jésus.

Par la puissance du sang de Jésus-Christ, je m'oppose à tout dispositif de distraction, au nom de Jésus.

O Seigneur, je me tiens sur la parole de Dieu et je me déclare inébranlable au nom de Jésus.

O Seigneur, j'ordonne à tout dépôt maléfique dans mon corps de mourir maintenant par la puissance du sang de Jésus-Christ.

O   Seigneur,   augmente   mon   énergie et   mon   pouvoir pour combattre les pouvoirs de la sorcellerie.

Je reçois le pouvoir d'exceller aujourd'hui et pour toujours au nom puissant de notre Seigneur Jésus-Christ.

Je reçois la sagesse insondable du Saint-Esprit pour accomplir la tâche d'aujourd'hui par la puissance dans le sang de Jésus-Christ.

Commandez le jour 14

Victoire sur l'attaque satanique 4

L'Écriture : Michée 5:11-12 Je détruirai tes murs et je démolirai tes défenses. Je mettrai fin à toute sorcellerie, et il n'y aura plus de diseurs de bonne aventure.

Points de prière

Aujourd'hui, j'ordonne à chaque joug de stagnation dans tous les domaines de ma vie de rompre par la puissance dans le sang de Jésus-Christ.
Aujourd'hui, j'ordonne à toutes les puissances qui m'attachent à un endroit, de me libérer et de mourir maintenant par la puissance dans le sang de Jésus-Christ.
Aujourd'hui, j'ordonne à tout homme fort qui supervise ma stagnation, de mourir maintenant par la puissance dans le sang de Jésus-Christ.

Toute collaboration des pouvoirs de la maison de mon père et des pouvoirs de la maison de ma mère pour arrêter mon progrès, me disperser et mourir maintenant par le pouvoir dans le sang de Jésus-Christ.
Aujourd'hui, j'ordonne que tout embargo satanique sur ma bonté et ma prospérité soit dispersé en morceaux irréparables, par la puissance dans le sang de Jésus-Christ.

Aujourd'hui, je ferme toute porte d'attaque à mon progrès spirituel par la puissance dans le sang de Jésus-Christ. Aujourd'hui, j'ordonne que tous mes bienfaits emprisonnés dans la prison de Satan soient libérés maintenant par le pouvoir dans le sang de Jésus-Christ.

Aujourd'hui, je démolis des forteresses négatives qui se dressent contre moi, par la puissance du sang de Jésus-Christ
J'ordonne à la foudre de Dieu d'abattre toutes les forteresses démoniaques fabriquées contre moi par la puissance dans le sang de Jésus-Christ. O Seigneur, oins moi avec le pouvoir de poursuivre, de dépasser et de récupérer mes biens volés à l'ennemi par la puissance dans le sang de Jésus Christ. Aujourd'hui, j'ordonne au diable de retirer ses jambes de mes finances au nom de Jésus.

Aujourd'hui, j'ordonne à tout véhicule de transport démoniaque qui charge mes prestations d'être paralysé, au nom de Jésus. Aujourd'hui, je reçois le pouvoir de poursuivre toute poursuite obstinée dans la mer rouge, au nom de Jésus. Aujourd'hui, je poursuis et dépasse toutes les forces de la méchanceté domestique et je écupère mes objets volés auprès d'elles, par la puissance du sang de Jésus-Christ. O Seigneur, alors que je vais faire mes affaires, que les bénédictions, la bonté et la prospérité me poursuivent et me dépassent, au nom puissant de Jésus.

Commandez le jour 15

Aujourd'hui, j'ordonne à toutes les personnalités et puissances familières qui consultent l'herboriste pour moi de mourir maintenant par la puissance dans le sang de Jésus-Christ. Aujourd'hui, j'ordonne à toute méchanceté domestique s'attaquant à ma prospérité de mourir maintenant par la puissance dans le sang de Jésus-Christ. mourir au nom de Jésus
Seigneur, mon père a permis que le manteau d prophète soit libéré sur ma vie par la puissance dans le sang de Jésus-Christ.

Seigneur, que le feu du Saint-Esprit purge mon esprit, mon âme et mon corps au nom de Jésus
Seigneur mon Père, donnez-moi le pouvoir d'accomplir des choses extraordinaires aujourd'hui au nom de Jésus.
O Seigneur, je réduis en cendres par le feu du Saint-Esprit toute habitation de méchanceté contre mon destin par la puissance du sang de Jésus-Christ. Père, fais de moi un canal de bénédiction incontestable pour ton Royaume et pour ma génération actuelle au nom de Jésus
Une onction qui ne peut être insultée tombe sur moi maintenant au nom de Jésus

Ce mois-ci, mon cas est complètement différent, car Dieu m'a donné le pouvoir de prospérer au nom de Jésus
J'ordonne à l'autel familial maléfique qui s'accroche à mes vertus de le libérer et de mourir maintenant par la

puissance dans le sang de Jésus-Christ.

Aujourd'hui, j'ordonne à tous les pouvoirs qui ont fait circuler mon nom sur un autel maléfique, de mourir maintenant par le pouvoir au nom de Jésus-Christ. Aujourd'hui, j'ordonne à tout prêtre malfaisant qui appelle mon nom sur un autel malfaisant de prendre feu avec votre autel au nom de Jésus
Aujourd'hui, je détruis tous les autels de défaveur dressés contre moi par le tonnerre de Dieu au nom de Jésus. Aujourd'hui, je brise et je rends impuissant tout charme fait sur un autel maléfique contre ma vie au nom de Jésus.

Commandant de la journée : 16ème jour

Dieu nous a donné l'autorité et la domination sur les œuvres des mains de Satan, et il a mis toutes choses sous nos pieds. Cela inclut les pouvoirs, les principautés, les cieux, le matin, le soleil, la lune et les étoiles (Psaume 8:3-6 ; Hébreux 2:6-8). C'est pourquoi nous sommes appelés à commander nos matins et à secouer la méchanceté de notre journée (Job 38 : 12-13).

Victoire sur l'attaque satanique 6

L'Écriture : 1 Samuel 15:23 La rébellion est aussi pécheresse que la sorcellerie, et l'entêtement aussi mauvais que l'adoration des idoles. C'est pourquoi, parce que vous avez rejeté l'ordre de l'Éternel, il vous a rejeté comme roi."

Points de prière

Je déclare au nom de Jésus, le sang de Jésus m'exemptera de l'holocauste qui peut visiter la terre, je suis trop défendu pour être une victime.
Je confesse au nom de Jésus que cette année je serai conduit par l'Esprit Saint, ma lumière ne s'éteindra pas, la lumière de Dieu m'enveloppe et tout ce qui m'appartient perpétuellement au nom de Jésus. Je déclare que si je reste constamment en présence de Dieu, je ne serai jamais abandonné.

Tous les pouvoirs qui passent la nuit à m'abattre, ô matin, les jettent, au nom de Jésus.
Aujourd'hui, lève-toi et donne-moi ma part, au nom de Jésus.

Aujourd'hui, levez-vous et maudissez toute puissance qui me vole ma part, au nom de Jésus
Aujourd'hui, j'ordonne à toute puissance malfaisante dans les deuxièmes cieux, c'est-à-dire représentant ma famille, de mourir maintenant par la puissance dans le sang de Jésus-Christ.

Aujourd'hui, je brise tout bâton d'affliction des deuxièmes cieux, par la puissance dans le sang de Jésus-Christ.
Aujourd'hui, alors que je vais faire des affaires, j'ordonne à tout problème qui veut me tuer de mourir maintenant par le pouvoir dans le sang de Jésus-Christ.
Je reprends possession de tout ce qui a été volé à ma vie par les puissances de la nuit, par le pouvoir dans le sang de Jésus-Christ. ,

Tout pouvoir négatif délégué contre ma destinée, les anges de Dieu vous poursuivront, par la puissance dans le sang de Jésus- Christ. Je décrète que le sang de Jésus nous préservera, moi et ma famille, de tout assaut du puits de l'enfer, je déclare que je n'aurai jamais peur de ce dont les autres ont peur, aucun mal ne s'approchera de ma demeure au nom de Jésus. J'avoue que le sang de Jésus a effacé toute date satanique, d'affliction fixée contre moi, contre mon bien-être, qui s'opposait à moi, à mon élévation, Jésus l'a prise et l'a clouée sur la croix au nom de Jésus.

Je déclare que le sang de Jésus Christ est ma couverture et ma grâce, que le sang de l'Agneau de Dieu est un signe de moi et de ma famille, qu'aucun fléau destructeur ne me touche, qu'aucune crise financière ne touche mes affaires, qu'aucun problème ne touche ma carrière au nom de Jésus. Désormais, que personne, que le diable, ne me trouble, car je suis marqué au nom de Jésu

Commandez le jour : 17e jour

Victoire sur l'attaque satanique 7

L'Écriture : Apocalypse 18:23 La lumière d'un cierge ne brillera plus du tout en toi, et la voix de l'époux et de l'épouse ne se fera plus entendre en toi ; car tes marchands étaient les grands de la terre, car toutes les nations ont été séduites par tes sortilèges.

Points de prière

Seigneur mon Père, aie pitié de moi et délivre-moi de mon manque de concentration : j'aurai du succès dans tous les domaines de ma vie par la puissance du sang de Jésus-Christ. Père dans ta miséricorde, délivre-moi des pouvoirs qui me semblent écrasants, me retenant là où je n'ai pas ma place. Par ta miséricorde, tire-moi vers le haut et hors de tout retard et de toute stagnation. Je décrète que tous les éléments de cette journée coopéreront avec moi, au nom de Jésus.

Je décrète que ces forces élémentaires refuseront de coopérer avec mes ennemis en ce jour, au nom de Jésus. Je vous parle, le soleil, la lune et les étoiles. Vous ne me frapperez pas aujourd'hui, moi et ma famille, par la puissance du sang de Jésus-Christ. Je démantèle toute planification énergétique négative pour agir contre ma vie ce jour-là, par la puissance dans le sang de Jésus-Christ.

Par le pouvoir dans le sang de Jésus-Christ, je démantèle tout pouvoir qui prononce des incantations pour capturer ce jour. Aujourd'hui, je rends nulles et non avenues ces incantations et ces prières sataniques sur moi et ma famille, par la puissance du sang de Jésus-Christ.

Par la puissance dans le sang de Jésus-Christ, je retire ce jour des mauvais. O Seigneur, que chaque bataille dans les cieux soit gagnée en faveur des anges quimtransmettent mes bénédictions aujourd'hui, au nom de notre Seigneur Jésus-Christ. **Dieu, lève-toi et déracine tout ce que Tu n'as pas planté dans les cieux qui travaillent contre moi, au nom de Jésus.** Je fais tomber contre moi toute puissance maléfique flottant ou suspendue dans les cieux, par la puissance dans le sang de Jésus- Christ.

Je décrète et je déclare que le soleil, la lune et les étoiles ne me priveront pas de mes favoris aujourd'hui, au nom de Jésus. Tout arrangement maléfique préparé par les sorciers et les sorcières contre ma vie aujourd'hui, qu'il se disperse et meure, au nom de Jésus

Commandez le jour : 18e jour

Points de prière

O Seigneur, mon Père, merci beaucoup pour l'amour que tu me portes, merci de m'avoir inspiré pour te faire plaisir à tout moment. Père au nom de Jésus, accorde-moi la grâce de ne pas transiger dans ce monde de plus en plus mauvais, aide-moi à marcher avec Dieu avec un esprit juste et à lui plaire en toutes choses. Toute chose maléfique qui sera programmée dans le soleil, la lune et les étoiles contre ma vie aujourd'hui, soit démantelée, par la puissance dans le sang de Jésus-Christ. J'ordonne que toute chose négative écrite dans le cycle de la lune contre moi aujourd'hui, soit effacée, au nom de Jésus. Aujourd'hui, j'ordonne que chaque saison de frustration et d'échec dans ma vie, ma famille et mon foyer, meure

par la puissance du sang de Jésus-Christ Je démantèle tous les calendriers sataniques pour ma vie d'aujourd'hui, au nom de Jésus J'ordonne que toute parole mauvaise programmée contre ma vie dans le ciel ne soit pas établie, par la puissance au nom de Jésus-Christ. Père, je mets fin à tout accord maléfique entre mes ennemis et les célestes, au nom de Jésus. J'efface toute écriture maléfique programmée par des agents sataniques dans les cieux contre ma vie, par la puissance dans le sang de Jésus-Christ Je frustre tout prêtre satanique qui exerce son enchantement sur le soleil, la lune et l'étoile de ma vie, au nom de Jésus.

Je récupère toutes mes propriétés dédiées au soleil, à la lune, aux étoiles et aux éléments du pouvoir des ténèbres, au nom de Jésus. Toute guerre méchante menée contre moi dans les cieux, je te renverse, au nom de Jésus. Aujourd'hui, j'ordonne à toute puissance qui programme le mal dans ma vie, de mourir par la puissance au nom de Jésus-Christ. Je m'oppose à toute opération satanique qui entraverait mes prières aujourd'hui, au nom de Jésus. Tous les mauvais esprits qui projettent de me voler la volonté de Dieu, de tomber et de mourir, au nom de Jésus. O Seigneur, je démolis la forteresse de satan contre ma vie par la puissance au nom de Jésus-Chri

Commandez le jour 19

de prière

Seigneur, tout ce qui vient du royaume des ténèbres et qui a fait en sorte que leurs affaires m'entravent, je te le signale dès maintenant et je te lie, au nom de Jésus. Sois lié avec des chaînes qui ne peuvent être brisées, au nom de Jésus : Je dépouille toute ton armure spirituelle, au nom de Jésus : Perds le soutien des autres puissances du mal, au nom de Jésus. Ne t'implique plus avec moi, au nom de Jésus. Seigneur, que les écritures des ordonnances programmées par des agents sataniques dans les cieux contre moi soient effacées par le sang de Jésus.

Aujourd'hui, j'ordonne que tout ce qui est programmé dans ma vie dans les cieux soit démantelé par la puissance dans le sang de Jésus-Christ. Je vais exceller aujourd'hui, et rien ne me souillera, par la puissance du sang de Jésus-Christ. Le Seigneur m'oindra d'une huile d'allégresse au-dessus de mes compagnons en ce jour, au nom de Jésus. Le feu de l'ennemi ne nous brûlera pas, moi et ma famille, en ce jour, au nom de Jésus.
Mes oreilles entendront la bonne nouvelle, et je n'entendrai pas la voix de l'ennemi aujourd'hui, au nom de Jésus.

Seigneur, que tout barrage satanique monté contre moi dans les cieux soit démantelé par la puissance dans le sang de Jésus-Christ. Aujourd'hui, j'ai démantelé tout autel maléfique préparé contre mes percées dans les cieux et dans la mer, par la puissance du sang de Jésus-Christ. Aujourd'hui, je vous confronte à la méchanceté spirituelle dans les cieux qui militent contre mon étoile, j'amène l'hameçon du Seigneur contre vous et je frustre vos activités, au nom de Jésus. Aujourd'hui, je prends une assurance divine contre toute forme d'accident et de tragédie, par la puissance dans le sang de Jésus- Christ. Seigneur, j'ordonne à toute équation spirituelle maléfique programmée contre ma vie de changer, par la puissance dans le sang de Jésus-Chris

Commandez le jour :
20e jour

     oint de prière

Aujourd'hui, je lie au nom de Jésus tout esprit manipulant mes bénéficiaires contre moi. Aujourd'hui, je retire mon nom du livre des voyants de la bonté sans appropriation au nom de Jésus Seigneur, lève-toi aujourd'hui et que tous les ennemis de ma percée se dispersent au nom de Jésus. Seigneur, que le feu de Dieu fasse fondre les pierres qui entravent mes bénédictions au nom puissant de Jésus. Seigneur, que la nuée qui bloque la lumière du soleil de ma gloire et de ma percée soit dispersée au nom de Jésus.

Seigneur, que tous les secrets de l'ennemi dans le camp de ma vie qui sont encore dans l'obscurité me soient révélés dès maintenant au nom de Jésus. Seigneur, que tous les mauvais esprits qui se déguisent pour me troubler soient liés au nom de Jésus. Seigneur, que je ne m'impose pas un fardeau lourd et peu rentable au nom de Jésus.
Seigneur, donnez-moi aujourd'hui toutes les clés de ma bonté qui sont encore en possession de l'ennemi

Seigneur, que de merveilleux changements commencent à
être mon lot à partir d'aujourd'hui
Que chaque puissance qui marche sur ma
bonté reçoive aujourd'hui la flèche de feu de Dieu au
nom de Jésus. Seigneur, je rejette tout esprit de la
queue dans tous les domaines de ma vie au nom de Jésus.
Je revendique la tête. Aujourd'hui, je retire de ma main tout
ce qui se trouve actuellement dans l'autel démoniaque par le
sang de Jésus-Christ. Aujourd'hui, je détruis tout le mal qui a
été fait à ma vie à la suite d'une poignée de main démoniaque,
par la puissance dans le sang de Jésus-Christ. Aujourd'hui,
j'ordonne à chaque flèche de pauvreté satanique tirée dans
ma vie, de sauter par le feu et de retourner à l'envoyeur, par la
puissance dans le sang de Jésus-Christ. Aujourd'hui, je
prophétise que mes mains ne seront pas candidates à
l'envoûtement au nom de Jésus-Christ.
Aujourd'hui, j'annule tout le mal fait à ma prospérité par le fait
de porter le sacrifice, par la puissance dans le sang de Jésus-
Christ. J'ordonne à tous les esprits du Dévoreur de rester loin
de moi car je ne suis plus votre candidat à partir d'aujourd'hui
par la puissance du sang de Jésus-Christ.

Aujourd'hui, j'ordonne à chaque os sec de mon entreprise
(carrière, emploi, etc.) de prendre vie par le feu au nom de
Jésus- Christ. Père Seigneur, que tout ce sur quoi je pose mes
mains à partir d'aujourd'hui commence à prospérer au nom de
Jésus. Aujourd'hui, j'ai enterré vivant tous les pouvoirs qui
ont pris un mandat satanique selon lequel je mourrai de
pauvreté par le pouvoir dans le sang de Jésus-Christ.
Aujourd'hui, je vous ordonne, à vous, gardien de prison
satanique qui gardez ma bénédiction et mes vertus, de me les
remettre maintenant et de mourir au nom de Jésus.

À partir d'aujourd'hui, je refuse d'être un candidat de l'échec et de l'impossibilité au nom de Jésus.
Toute déclaration malveillante contre ma vie à la suite d'un mauvais dépôt sur mes mains, je vous annule par le sang de Jésus. Aujourd'hui, j'ordonne à tous les arbres maléfiques qui abritent ma prospérité à la suite des mauvaises alliances que j'ai conclues de mes mains de me les relâcher maintenant et de se dessécher au nom de Jésus.Aujourd'hui, je reçois des cieux le pouvoir de prospérer, que l'ennemi le veuille ou non, au nom de Jésus. Dieu se lève aujourd'hui et disperse tous les ennemis de ma prospérité au nom de Jésus.

Commandez le jour : 21e jour

Points de prière

Aujourd'hui, je paralyse tout lutteur satanique et lutteur pour ma bonté au nom de Jésus. Aujourd'hui, je mets en pièces toutes les forteresses de la dette, par la puissance du sang de Jésus-Christ. Seigneur, donne-moi la force de vivre avec ton onction au nom de Jésus. Seigneur, laisse ton pouvoir de guérison couler dans mon corps dès aujourd'hui au nom de Jésus Seigneur, rends-moi possible l'impossible dès aujourd'hui au nom de Jésus. Aujourd'hui, j'ordonne que chaque mission et chaque arme de l'ennemi contre moi, soit frustrée au nom de Jésus.

Aujourd'hui, j'ordonne que toutes les armes maléfiques fabriquées contre moi soient rôties au nom de Jésus Aujourd'hui, je décrète et déclare que tout destin détruit par la polygamie sera inversé, par le pouvoir dans le sang de Jésus-Christ. Aujourd'hui, je décrète que tout pouvoir de sorcellerie qui surveille mon mouvement et qui agit contre mon destin doit mourir maintenant par le pouvoir dans le sang de Jésus-Christ. Aujourd'hui, je commande à chaque puissance des ténèbres assignée contre mes bénédictions et mon destin, vous n'êtes pas mon Dieu, tombez et mourez maintenant par la puissance dans le sang de Jésus-Christ. Aujourd'hui, je rejette tout réarrangement de mon destin par la méchanceté domestique, par la puissance dans le sang de Jésus-Christ.

Aujourd'hui, j'ordonne à tous ceux qui veulent éteindre mon destin de mourir maintenant, par la puissance du sang de Jésus- Christ. Le feu de Dieu, en ce moment, localise et détruit tout dépôt maléfique sur mes mains au nom de Jésus. Tout embargo satanique placé sur mes mains, je vous annule tout de suite, par le sang de Jésus. Je renverse toute déclaration malfaisante faite contre mes mains par le sang de Jésus.

Tout pouvoir affecté à l'affliction de mes mains dans le royaume des esprits, soit enterré vivant au nom de Jésus. Chaque bénédiction que j'ai perdue à la suite d'une mauvaise manipulation de mes mains, je vous réclame par le feu au nom de Jésus. Tout agent démoniaque délégué pour polluer mes mains, soit enterré vivant au nom de Jésus. Tout ce qui vient de mes mains dans un autel maléfique, je vous détruis par le feu de Dieu et le sang de Jésus.

Aujourd'hui, j'ordonne à toutes les puissances célestes qui retiennent mes bénédictions, que le jugement de Dieu tombe maintenant sur vous au nom de Jésus. Aujourd'hui, j'ordonne à toutes les forces qui me tirent de ma position initiale de mourir maintenant par le pouvoir dans le sang de Jésus-Christ.

Commandez le jour : Le 22e jour

Points de prière

Seigneur mon Père, à partir d'aujourd'hui, donnez-moi la grâce et le pouvoir d'appeler toujours le nom du Seigneur Jésus quand je suis en difficulté. Aujourd'hui, j'ordonne que tout contrôle maléfique des pouvoirs de la nuit soit détruit par le pouvoir dans le sang de Jésus-Christ. Aujourd'hui, j'ordonne à toute servitude maléfique des puissances de la nuit, de se briser, par la puissance dans le sang de Jésus-Christ.

Toi, puissances maléfiques de la nuit, sois humilié et disgracié, par la puissance dans le sang de Jésus-Christ. Aujourd'hui, je commande tous les pouvoirs d'enchantement et de sorcellerie de la nuit, mourir, par le pouvoir dans le sang de Jésus-Christ. Aujourd'hui, je brise toutes les malédictions des puissances maléfiques de la nuit, par la puissance dans le sang de Jésus-Christ. Aujourd'hui, j'ordonne que toutes les portes ouvertes par les puissances du mal soient fermées, par la puissance dans le sang de Jésus-Christ.

Aujourd'hui, j'ordonne à toutes les forces des dévoreurs et des destructeurs d'être consumées par le feu de Dieu au nom de Jésus Aujourd'hui, je récupère toute chose particulière dans mon corps qui a été utilisée contre moi par le pouvoir dans le sang de Jésus- Christ. Seigneur, je serai favorisé dans n'importe quel domaine de ma vie par la puissance du sang de Jésus-Christ.

Aujourd'hui, je lie tout esprit de frustration, de défaite, de bénédiction différée et de peur dans mon environnement, par la puissance dans le sang de Jésus-Christ . Aujourd'hui, je bannis tout ennemi du progrès dans mon quartier, par la puissance du sang de Jésus-Christ. Aujourd'hui, je lie l'esprit de la mort, du vol à main armée et de l'assassinat partout où je me rends, par le pouvoir dans le sang de Jésus-Christ. Ô Seigneur mon Père, rends impossible à mes ennemis d'utiliser mes traces de pieds, mon urine, mon visage, mes cheveux, mes vêtements et mes chaussures.

Commandez le jour : 23ème jour

J'apporte le sang de Jésus sur l'esprit qui ne veut pas me laisser partir au nom de Jésus. Que le sang de Jésus me purge de toute matière contaminée par la sorcellerie au nom de Jésus. Je détruis la main de tous les sorciers qui travaillent contre moi au nom de Jésus. Tout esprit de sorcier qui tente de construire un mur contre mon destin s'effondre et meurt au nom de Jésus. J'envoie la pluie d'affliction sur toute sorcellerie marine qui travaille contre moi au nom de Jésus.

Le soleil, la lune, les étoiles, l'eau de la terre et les éléments, vomissent tous les enchantements qui sont contre moi au nom de Jésus. Que toute puissance utilisant les cieux contre moi, tombe et soit déshonorée au nom de Jésus. Que les étoiles du ciel commencent à se battre pour moi au nom de Jésus. Dieu, lève-toi et disperse toute conspiration dans les cieux qui est contre moi au nom de Jésus. Je romps avec le sang de Jésus tous les liens d'âme maléfiques qui affectent ma vie au nom de Jésus. Esprit du Dieu vivant, viens sur ma vie et place un bouclier de protection autour de moi au nom de Jésus. Chaque chaîne de sorcellerie héritée dans ma famille, soit détruite, au nom de Jésus.

Que chaque échelle utilisée par la sorcellerie contre moi soit rôtie au nom de Jésus.
Toute porte que j'ai ouverte à la sorcellerie dans n'importe quel domaine de ma vie soit fermée pour toujours par le sang de Jésu

Commandez le jour : 24ème jour

Point de

prière

Aujourd'hui, je renonce à tout esprit familier conscient et inconscient par la puissance dans le sang de Jésus-Christ. Aujourd'hui, je commande la maladie, la douleur et la faiblesse ; de sortir de mon système, par la puissance dans le sang de Jésus- Christ Aujourd'hui, j'ordonne à chaque maladie, implantée dans mon corps, par le biais des rêves, de sortir de mon système par la puissance du sang de Jésus-Christ. Aujourd'hui, j'ordonne à l'ennemi de tout mettre en œuvre pour affaiblir ma vie de prière, pour mourir maintenant, par la puissance du sang de Jésus-Christ.

Commandez le jour : 25e jour

Points de prière

Aujourd'hui, par la puissance du sang de Jésus-Christ, je démantèle et je frustre tout investissement satanique dans ma vie. Aujourd'hui, je me libère de tout pouvoir d'envoûtement par la puissance du sang de Jésus-Christ. Aujourd'hui, je ferme toute porte que j'ai ouverte à Satan, au nom de Jésus. Aujourd'hui, j'annule toute déclaration malveillante faite contre moi par des langues mauvaises par le pouvoir au nom de Jésus- Christ. Aujourd'hui, je brise toute alliance maléfique qui a fait entrer la peur dans ma vie, par la puissance du sang de Jésus-Christ. Aujourd'hui, j'ordonne à toute terreur de la nuit qui a fait entrer la peur dans ma vie de s'arrêter et de quitter mon environnement, au nom de Jésus. Aujourd'hui, je détruis tous les efforts de l'ennemi pour faire échouer mon travail, par la puissance dans le sang de Jésus-Christ.

Aujourd'hui, je ferme toutes les portes par lesquelles les ennemis ont travaillé sur mon travail, par la puissance dans le sang de Jésus-Christ.
Aujourd'hui, j'ouvre toutes les portes menant à mes bénédictions, à la victoire et aux percées que les ennemis ont fermées, par la puissance du sang de Jésus-Christ.

Commandez le jour : 26e jour

O Seigneur mon Père, je te remercie de m'avoir accordé la victoire et la domination sur chaque bataille de la vie, que ton nom soit glorifié au nom de Jésus.
O Seigneur mon Père, délivre-moi de l'ignorance qui peut conduire à des difficultés et à des problèmes répétés, père que chaque malédiction de difficultés et de tendances négatives, placée sur mon destin soit détruite par la puissance dans le sang de Jésus- Christ.
O Seigneur mon Père, tu es l'Alpha et l'Omega, va à ma fondation et déracine, la source de problèmes répétés dans ma vie, qui menace mon avenir glorieux au nom de Jésus.

Aujourd'hui, je déclare au nom de Jésus que c'en est assez, que plus de stagnation, plus d'échec au bord de la rupture, plus de retard, je reçois la grâce de persister dans le lieu de la prière, jusqu'à ce que je gagne, je déclare que mon changement d'histoire à la gloire est arrivé, et que mon destin est préservé. Père, merci pour le pouvoir de guérison du sang de Jésus, j'applique le sang de Jésus à mon Esprit, mon âme et mon corps au nom de Jésus. Je déclare au nom de Jésus, des maladies mortelles, j'entends la parole du Seigneur, je suis trop défendu pour être une victime, séparé de moi maintenant au nom de Jésus. Père, que le feu du Saint-Esprit consume tout vêtement de maladie dans mon corps au nom de Jésus.

Père au nom de Jésus, détruisez chaque fois que la bombe tueuse est programmée pour exploser dans ma vie. Les flèches d'inflammation négative, les tumeurs sataniques, les troubles vasculaires, la manipulation satanique des radicaux libres, qui ont pu être tirées et se développer silencieusement, se retournent maintenant au nom de Jésus.

Je déclare au nom de Jésus, les maladies saisonnières, attaquant ma paix et ma gloire soient détruites au nom de Jésus, je décrète au nom de Jésus, chaque organe mort dans mon corps, recevoir la vie et ressusciter au nom de Jésus. Au nom de Jésus, je déclare qui est celui qui dit une chose, et il arrive que, lorsque le Seigneur ne l'a pas ordonné, j'annule donc toute prophétie clinique, tout diagnostic, tout rapport malfaisant me concernant, toute guérison créative, toute miséricorde, tout miracle, tout signe et toute merveille se manifestant dans mon corps maintenant au nom de Jésus. Je déclare que ceci se tournera vers moi pour un témoignage et pour la gloire de Dieu au nom de Jésus. Je déclare que cela reviendra à moi pour un témoignage et à la gloire de Dieu au nom de Jésus.

Terre, terre, terre, écoute la parole du Seigneur, avale tout enchanteur désigné contre moi, au nom de Jésus. Je brise toute chaîne limitant ma faveur, par la puissance dans le sang de Jésus Christ Aujourd'hui, je commande à toute puissance qui affaiblit mon autorité spirituelle, de mourir maintenant, par la puissance dans le sang de Jésus-Christ. Aujourd'hui, Puissance de Dieu, lève-toi, et fais-moi des percées au bulldozer, par la puissance du sang de Jésus-Christ

Commandez le jour :
Le 27e jour

Points de prière

Père au nom de Jésus, merci de m'avoir inspiré à aligner mon désir sur ta volonté pour ma vie Père au nom de Jésus, accorde-moi la grâce de toujours chercher à te plaire sur tous les sujets et de ne pas chercher mes désirs égoïstes. Père, envoie-moi de l'aide, car je te fais confiance. Père, donne-moi une nouvelle révélation de toi-même et interviens dans ma situation. Père, lève-toi et affronte tous mes ennemis Père au nom de Jésus, accorde-moi la grâce de permettre le nom du Seigneur, dans ma routine quotidienne, me donnant ainsi le pouvoir de faire un décret au nom de Jésus.

Père au nom de Jésus, aide-moi à cultiver une relation étroite avec ta Parole et avec le Saint-Esprit et, ce faisant, à inverser l'irréversible apparent dans ma vie.
Père, révèle-moi ton plan pour ma vie et aide-moi à rester engagé à te plaire et à laisser mon obéissance activer la restauration de tous les bons avantages que j'ai perdus au nom de Jésus.

Père, révèle-moi l'obstacle entre moi et ton pouvoir de guérison et donne-moi la grâce de faire une restitution appropriée. Père dans ta miséricorde, applique Ton baume de guérison sur tous les domaines malades de ma vie et fais-moi tout entier au nom de Jésus. Tant que le Seigneur vivra, je ne connaîtrai plus aucune forme de maladie à partir d'aujourd'hui au nom de Jésus.
O Seigneur mon Père, tu es le Tout-Puissant, annule tous les rendez-vous avec la mort prématurée sur ma vie au nom de Jésus. Père, accorde-moi la grâce de marcher parfaitement devant le Seigneur.

Père, au nom de Jésus, aujourd'hui, donne-moi le meilleur de ce que Tu peux donner à tout homme. Père, laisse-moi être le meilleur de ce que tout être humain peut être pour Toi, père, utilise moi pour Ta gloire et fais de moi une bénédiction en guérissant les malades, en ressuscitant les morts, en ouvrant les yeux des aveugles, en faisant marcher les boiteux. Aujourd'hui, j'ordonne à toutes les flèches du mal de retarder, tirées dans mon étoile, de mourir, au nom de Jésus. Aujourd'hui, j'ordonne à chaque flèche de retard, tirée dans mon étoile, de mourir, au nom de Jésus.

J'ordonne à chaque flèche de la honte, visant ma vie, de se retourner contre moi, par le pouvoir dans le sang de Jésus-Christ. J'ordonne à tous les pouvoirs de la maison de mon père, qui retardent mes percées, de mourir maintenant, par le pouvoir dans le sang de Jésus-Christ

J'ordonne à la nuée de ténèbres autour de mes percées, de se disperser, par la puissance dans le sang de Jésus-Christ. Aujourd'hui, j'ordonne à tous les hommes forts assignés à ma progression de mourir, par la puissance du sang de Jésus-Christ. Aujourd'hui, je commande le pouvoir de la stagnation, de l'assèchement, par la puissance dans le sang de Jésus-Christ. Aujourd'hui, je décrète que l'échec n'est pas ma part, au nom de Jésus.

Aujourd'hui, j'ordonne à l'homme fort de la maison, assigné contre mon destin, de mourir, au nom de Jésus. Aujourd'hui, des bénédictions inattendues me situeront par la puissance dans le sang de Jésus-Christ.

Commandez le jour : Le 28e jour

Père, merci Seigneur, pour toutes les prières exaucées et pour ne pas m'avoir laissé sans défense, merci Seigneur, pour m'avoir envoyé une aide opportune.

O Seigneur, mon Père, montre à tous ceux qui se sont moqués de moi que tu es le Tout-Puissant. À partir d'aujourd'hui, partout où je vais, laisse-moi être une bénédiction - une bénédiction pour les pauvres, une bénédiction pour les riches et une bénédiction pour les puissants, au nom de Jésus.

Je déclare au nom de Jésus, qu'à partir d'aujourd'hui, je recevrai des surprises quotidiennes jusqu'à l'éternité.

O Seigneur, mon Père dans ta miséricorde, j'ai coupé tous les ennemis de mon âme, qui retardent ma percée ... Lève-toi O'

Commandez le jour : Le 29e jour

Points de prière

Père, merci de m'avoir mis à part pour ta bénédiction, merci, Seigneur, d'avoir activé la semence de la bénédiction en moi, merci, Seigneur, pour tes promesses dans ta parole, qui se manifestera dans ma vie en temps voulu Père, que ta pluie de miséricorde, tombe sur moi, que la pluie emporte toute situation désagréable, la stérilité, l'échec, la honte et les efforts infructueux au nom de Jésus. Père, renverse tous les rapports médicaux négatifs contre ma santé,

Je déclare que le but de Dieu pour ma vie est d'être une bénédiction, à partir de maintenant j'entre dans l'accomplissement du but de Dieu, pour ma vie, je suis béni et hautement favorisé, je le crois, et je le reçois au nom de Jésus. Père au nom de Jésus, merci pour les pluies de bénédiction sur le travail de mes mains, merci, Seigneur, pour la rosée du ciel, qui est descendue sur ma terre pour briser toute jachère et toute difficulté autour de mon destin.

Père au nom de Jésus, alors que les pluies de bénédictions commencent à tomber, s'il te plaît, commence-moi, que ta main de bénédiction me localise. Père, selon ta parole, la bénédiction du Seigneur enrichit et n'ajoute aucune peine, enlève toute trace de captivité dans mes finances, mon esprit, mon âme et mon corps, au nom de Jésus. Père au nom de Jésus, à partir d'aujourd'hui, laisse-moi entrer dans mon lieu de richesse, prends-moi dans un lieu permanent de bénédiction, le père me laisse aller de puissance en puissance, laisse- moi aller d'abondance en abondance au nom de Jésus.

Je déclare au nom de Jésus, mon âme suivra continuellement et durement Dieu, je confesse que je dois comprendre, mon désir est de chercher Dieu.je déclare que je dois continuer jusqu'à ce que j'arrive à la ligne promise. Je confesse au nom de Jésus, je ne cesserai pas de chercher Dieu, jusqu'à ce que je voie Son visage, et que je gagne Sa faveur. Je déclare que je m'engage à entrer en Sa présence chaque jour, et comme Il me révèle Sa gloire, je vivrai, je ne mourrai pas avant mon temps, j'accomplirai un but et finirai fort au nom de Jésus.

Père, je te remercie, car ton royaume est éternel, et ta domination dure à travers toutes les générations. Je m'incline devant toi, car tu es le gouverneur des nations et le chef des affaires des hommes. Je déclare au nom de Jésus qu'aujourd'hui, ma domination sera établie et manifeste pour tous. Je confesse au nom de Jésus, la même onction qui a fait de Joseph un souverain en terre étrangère me localisera. Je déclare que toute puissance qui monte sur le cheval de ma domination est par la présente renversée au nom de Jésus. Je décrète que tout concurrent dont la porte de la percée m'est ouverte, sera dispersé au nom de Jésus

Je déclare que je suis le chef-d'œuvre de Dieu, créé à
nouveau en Jésus-Christ, pour manifester l'amour et
la bonté de Jésus-Christ pour tous ceux qui viennent sur
mon chemin. Je déclare que je suis habilité à révéler la
douceur de Jésus à mon monde. Je déclare que, dans
l'abondance de la grâce et de la vérité de Dieu, j'ai reçu
grâce sur grâce, bénédictions spirituelles sur
bénédictions spirituelles, faveur sur faveur, je déclare, je
déclare au nom de Jésus, que je ne craindrai pas car le
Seigneur est avec moi, il est mon Dieu, il me fortifiera, il
m'aidera, il me soutiendra avec sa droite de justice, de
puissance et de victoire. Je suis béni et très favorisé.

Commandez le jour : 30e jour

Aujourd'hui, je déclare que tout vêtement de servitude, tout vêtement de frustration, tout vêtement de honte s'enflammera et sera réduit en cendres par la puissance du sang de Jésus-Christ. O Dieu, lève-toi, fais-moi monter et conduis-moi à ma destination légitime, je déclare que je serai grand par ta puissance et ta miséricorde, toutes ces thèses je les prie au nom de Jésus Christ notre Seigneur.

Aujourd'hui, j'ordonne au tonnerre de Dieu de se lever et de détruire tous mes ennemis, par la puissance du sang de Jésus-Christ. Aujourd'hui, je décrète et je déclare que tout arbre planté dans ma vie et dans celle de toute ma famille par un homme fort, mourra, par la puissance du sang de Jésus-Christ. Aujourd'hui, je décrète et je déclare que l'Homme fort de la pauvreté, assigné contre moi, meurt, au nom de Jésus. Aujourd'hui, j'ordonne à toutes les puissances qui retardent mon succès, de mourir maintenant par leur pouvoir dans le sang de Jésus-Christ. Aujourd'hui, j'ordonne à toutes les puissances qui entravent ma progression de mourir maintenant, par la puissance dans le sang de Jésus-Christ.

Aujourd'hui, j'ordonne à tous les hommes forts qui font
obstacle à mes percées de mourir maintenant, par le
pouvoir dans le sang de Jésus-Christ.
Aujourd'hui, j'ordonne à tous les hommes forts qui
bloquent mes chances de succès de mourir maintenant,
au nom de Jésus- Christ. Aujourd'hui, j'ordonne à tout
homme fort détournant mes bénédictions d'être détruit
par le feu par la puissance dans le sang de Jésus-Christ
Je décrète et je déclare que toute puissance détruisant
mes affaires et bloquant mes opportunités, doit brûler
en cendres au nom de Jésus-Christ.

Je vous détruis, vous, l'homme fort en charge de mon
affaire, je vous rabaisse au niveau zéro et je vous lie avec
des fers, je vous piétine, je viens comme un homme fort
contre vous et je vous domine avec le sang de Jésus, au
nom de Jésus. Je saisis tes armes et les brise en
morceaux irréparables, je récupère mes biens volés
auprès de toi par la puissance dans le sang de Jésus-
Christ.

Aujourd'hui, le pouvoir de briser le pouvoir de l'homme
fort, tombe sur moi maintenant, et je lie toutes les
principautés et pouvoirs dans l'air opérant au-dessus et à
l'intérieur de ma vie, au nom de Jésus-Christ.
Aujourd'hui, je lie toute la méchanceté dans les hauts
lieux et les trônes maléfiques dans les airs opérant au-
dessus et à l'intérieur de ma vie, et je lie toutes les
dominations maléfiques et les hommes forts dans les airs
opérant au-dessus et à l'intérieur de ma vie, au nom de
Jésus-Christ.

Aujourd'hui, je lie chaque contrôle de sorcellerie et chaque esprit moyennement aveugle et je dépouille chaque esprit de son pouvoir et de son rang et je sépare chacun d'eux des autres par le pouvoir dans le sang de Jésus-Christ.

Aujourd'hui, je lance toutes les flèches de sorcellerie qui touchent mes sens (la vue, l'odorat, le goût et l'ouïe) et j'ordonne à chaque flèche de sorcellerie de partir de ma moelle épinière, de mon nombril, de mon cœur, de ma gorge, de mon entre-jambe et de mon sommet de tête par la puissance du sang de Jésus-Christ.

Pour obtenir une aide spirituelle supplémentaire, vous pouvez me contacter comme suit

Visitez www.olusolacoker.com pour d'autres prières ou vous pouvez vous inscrire à notre bulletin de prière. Vous pouvez également consulter d'autres livres du Dr Olusola Coker en vente chez amazon

1.   Envoyez un courriel à info@olusolacoker.com

Vous pouvez également rejoindre le Dr Olusola Coker Breakthrough Ministry Group sur son site de réseautage social à l'adresse www.cokiisocial.com

Les livres électroniques du Dr. olusola coker dans divers magasins Digital dans le monde
1.   950 prières qui surmontent l'esprit des bénédictions retardées et retenues. https://books2read.com/u/brop0k

1.   Il n'y a pas d'excuse pour échouer dans la vie : 500 prières qui vous permettent de vous découvrir et vous ouvrent des portes pour percer. https://books2read.com/u/bWZRLD

1.   950 prières qui rapprocheront votre mari de Dieu :
30   dévotions   quotidiennes   qui   changeront   la
        vie   pour toujours https://books2read.com/u/3k0vkR

Vous avez des problèmes relationnels ? Des prières puissantes
qui surmontent de façon permanente les maris et les femmes
spirituels. 21 dévotions quotidiennes qui délivrent les couples
des esprits de l'eau : 9 jours de prières de mi-nuit garanties
pour le fruit du ventre.
https://books2read.com/u/ml5rPY

1.   La délivrance complète de l'esprit de pauvreté et de
manque https://books2read.com/u/boYW5v

1.   Think Great, Stay Great, 950 prières qui garantissent la
grandeur en vous. https://books2read.com/u/bPJ0k7

1. Vous avez des problèmes relationnels ? Des prières
puissantes qui surmontent de façon permanente les maris et
les femmes spirituels. 21 dévotions quotidiennes qui délivrent
les couples des esprits de l'eau : 9 jours de prières de mi-nuit
garanties pour le fruit du ventre.
https://books2read.com/u/